Chiemgauer Kostbarkeiten

Ich nenne dieses Buch „Chiemgauer Kostbarkeiten". Nicht weil das Material kostspielig ist, sondern weil die gezeigten Arbeiten zeitaufwendig sind. Es gehört Geduld, Geschick und Liebe dazu. Das Nacharbeiten wird Ihnen viel Freude machen. Es ist ein schönes und stolzes Gefühl, selbstgefertigte Arbeiten zu betrachten und sie von anderen bewundern zu lassen. Jede kreative Leistung regt zum Weitermachen an. Ich wünsche Ihnen dabei viel Spaß. Sie werden mit dieser Anleitung gut zurechtkommen.

Sigrun Seehuber

Festlicher Hochzeitsstrauß

(Foto siehe Seite 1)

Material:

5 Gold-Orchideen (nach Anleitung unten)
ca. 16 Seidenröschen mit einer Goldspitze unterlegt, ca. 2 cm breit
150 g Statice
50 g Linogras oder Brizza, vergoldet
1 Leinenmanschette, ∅ 22 cm
2,5 m Goldlurexband, 2,5 cm breit
1 Stab, 30 cm lang
braunes Bindeband
100 g Draht, 0,7

Anleitung: Statice zerpflücken und zu ca. 7 cm langen großzügigen Büscherln aufdrahten. Die Bindetechnik ist wie beim Strauß. Die Orchidee ist der Mittelpunkt. Die Statice wird ganz locker reihum gebunden. Zu beachten ist, daß die Blüten etwas überstehend eingearbeitet werden. Die Statice gibt dem Strauß Form und Fülle. Die Gräser nachträglich einziehen und mit Bindeband festhalten. Das 2,5 m lange Goldband teilen, jeweils zwei Doppelschleifen mit langen Enden legen und nebeneinander unter dem Strauß anbringen. Die Manschette aufschieben.

Gold-Orchidee: Aus echtem Goldbouillon werden fünf 15 cm lange Stränge geschnitten. Den Messingdraht 0,50 durch einen Strang ziehen und um eine Rouladennadel wickeln. Die Spirale abziehen, zur Schlaufe biegen und mit Goldbouillon das Blatt dicht bespannen. Davon 5 Blätter für die Blüte arbeiten. Die 5 Blätter zusammensetzen, mit Golddraht abbinden, davon 3 Blütenblätter hochbiegen und nach innen drücken und die restlichen 2 Blütenblätter nach unten einbiegen. In die Blütenmitte 3-5 Granatschliff-Perlen einsetzen.

Perldraht-Blüte: Fünf 3 cm lange Perldrähte schneiden, mit Gefühl etwas auseinanderziehen und auf den Messingdraht 0,40 auffädeln. Jetzt Bogen für Bogen aneinanderdrehen. Die Blütenblätter mit feinem Bouillon bespannen. In die Mitte der Blüte wird eine Perle, ∅ 5 mm oder das Perlen-Kränzchen eingesetzt.

So sieht die Gold-Orchidee aus

7,90

Bortenblume mit einer Perldraht-Blüte

oder einer Seidenrose als Mitte

Für eine Rose zum Unterlegen 15 cm Goldspitze rüschen (meistens kann man den unteren Faden der Spitze zusammenziehen, wenn nicht, zieht man einen Draht ein). Die Enden der Borten knapp aneinander kleben, in die Mitte eine Perldraht-Blüte mit Mini-Goldähren einsetzen. Oder eine Seidenrose wie sie zum Staticen-Strauß zur Goldenen Hochzeit verwendet wurde. Den Blütenstiel mit festem Draht verlängern und mit Bindeband abwickeln.

Perlen-Kränzchen: 7 Wachsperlen weiß, ∅ 4 mm auf den 0,30 Messingdraht auffädeln, zum Kreis schließen und den Draht zusammendrehen. In die Mitte eine farbige Schliffperle, ∅ 5 mm einsetzen. Dieses Perlen-Kränzchen kann als Mitte für verschiedene Goldblüten verwendet werden.

Schnecken-Blume: 10 cm Goldbouillon Nadelstärke 1,70, mit Zackenprägung, auf einen Messingdraht 0,50 aufziehen. Eine kleine Schlaufe legen und den Rest kreisförmig um die Schlaufe drehen. Den Anfang und das Ende des Drahtes zum Stiel zusammenfügen. Davon 3 Blätter anfertigen, aneinandersetzen und mit Messingdraht 0,30 zusammenbinden.
In die Mitte der Schneckenblume einige Perlen nach Phantasie einziehen.

Perldraht-Rispen: Vom Perldraht fünf 2 cm lange Stückchen abschneiden, etwas auseinanderziehen und einzeln auf den Messingdraht auffädeln. Eine Schlinge legen und beide Drähte zu einem ca. 5 mm langen Stiel zusammendrehen. Das nächste Perldrahtstückchen wieder aufschieben und ebenso arbeiten. Die Rispen kann man nach Belieben auch noch länger anfertigen. Blatt für Blatt wird nun mit feinem Bouillon umwickelt.

Perlen-Brosche zum Anstecken

Material:
1 Platine oval oder rund, Rückseite mit Anstecknadel
selbsthärtendes Kneti
Wachsperlen, ∅ 4 mm und 3 mm
glattes Goldbouillon (Schlange) Nadelstärke 0,65
Perldraht, Stärke 10, gold
Messingdraht 0,30
1 feine Stopfnadel
etwas Filz
1 Stückchen schmale Goldborte
UHU coll express

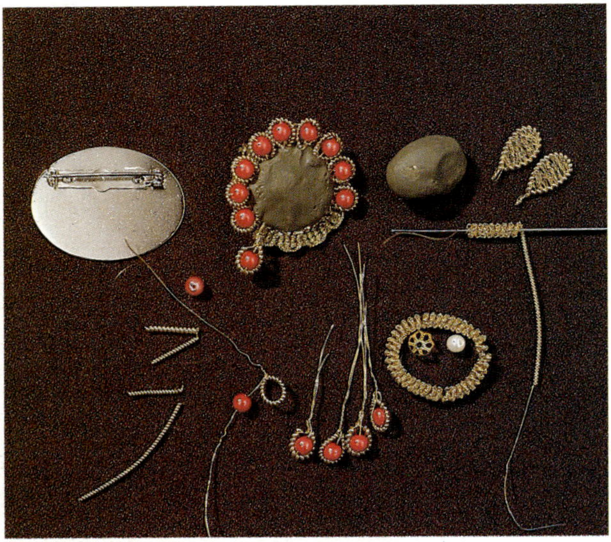

Anleitung: Die Platine wird mit Filz auf der Oberfläche beklebt und am Rand die feine Goldlitze. Ein kleines Stückchen Kneti auf die Mitte der Platine setzen und zum Rand etwas flach drücken. Vom 10er Perldraht 14 mm lange Stückchen schneiden, etwas ausdehnen und auf den Messingdraht aufziehen. Einzeln zur Schlaufe biegen und die zwei Drähte kurz zusammendrehen. Die Perle auf einen der Drähte aufziehen und in die Goldschlaufe einlegen. Anschließend beide Drähte fest zusammendrehen. Den Stiel auf 5 mm kürzen, in Ponal eintauchen und am Rand der Brosche in das Kneti einstecken. Dies wird rundherum fortgesetzt. Aus dem Goldbouillon wird eine Spirale gearbeitet, zum Kreis zusammengeschlossen und als nächste Reihe auf die Brosche in das Kneti aufgedrückt und mit etwas UHU coll express angeklebt. Nochmals eine Perlenreihe. Jede Perle einzeln mit Draht aufziehen und in das Kneti einstecken. Die Mitte kann nach eigener Phantasie ausgefüllt werden, eventuell mit Perldrahtblättern oder Perlen.

Goldschmuck, geeignet als Anstecker oder auch als Haarzierde für festliche Anlässe

Goldschmuck

Material:

3 Perldrahtblüten anfertigen, in die Mitte je eine Goldperle, ∅ 5 mm, einsetzen
3 5er Perldrahtrispen
3 Perldrahtrispen
4 5er Perlenrispen mit Goldperlen, ∅ 4 mm

Perlen-Rispe: 6-7 Perlen auf einen Messingdraht 0,30 auffädeln und jeweils einzeln abdrehen, wie auf dem Foto oben gut zu erkennen ist.

Brautschmuck

Braut-Diadem

Dieser Brautschmuck ist wohl die Krönung Ihrer Bastelfähigkeiten. Sie sollten diesen Schmuck und den Brautstrauß nicht für sich selbst anfertigen. Dies wäre kein gutes Omen, sagt der Volksmund. Also basteln Sie diesen Brautschmuck nur für die Tochter oder eine Freundin.

Bereiten Sie sich Ihr Grundmaterial für das Kränzchen vor. Die Perldraht-Blüten und -Blätter sind auf Seite 2 und 3 bereits beschrieben worden. Auf einen Führungsdraht 0,50 werden die Blüten, Knospen, Myrten, Perlen, Blätter und sonstige Spielereien mit Bast oder Bindeband aufgebunden. Erst schmal, zur Mitte breiter und höher werdend. Dann ab Mitte gegengleich weiterbinden.

Brautstrauß mit Seidenblumen

Material:
12 Maiglöckchen
12 Seidenrosen altrosa (Größe der Blüte ∅ 2,5 cm)
12 Heckenrosen hellrosa
12 Buschwindröschen
7 Perldrahtblüten gold, mit Silberborte unterlegt

7 Granatsteine als Blütenmitte
ca. 80 g Statice locker aufgebunden
1 Brautmanschette aus Tüll, ∅ 25 cm
3 m Taftband hellrosa, 15 mm breit
3 m Samtband, altrosa, 9 mm breit
100 g Draht 0,7
25 cm langer Rundstab

Bindetechnik wie „Festlicher Strauß“

So werden die Perlenrispen für das Diadem angefertigt. Ganz rechts ein Perlenkränzchen.

Brautbuschen

Das ist wieder etwas typisch Bayerisches. Die Hochzeitslader hatten früher solche geschmückten Einladungsstecken. Heute werden diese zur Zierde eines Bauernschrankes, einer rustikalen Milchkanne oder eine Schirmbütte hergenommen.

Das Material wird wie bei einem Wandgebinde zusammengebunden. Der Stab ist 1 m lang und 8 mm dick. Der Ruskus wird zu 2er Büscherl mit 6er Draht aufgedrahtet und soll nicht länger als 4 cm sein.
Der Durchmesser des Gebindes beträgt unten ca. 12 cm; es ist etwa 30 cm lang.
Mit der Rose beginnen und nur wenig breiter werden, ab 12 cm die Form unbedingt einhalten.
Viele lange Bänder in verschiedener Art und in den Farbnuancen zur Blüte abgestimmt werden als Schleifen am Gebinde unten angebracht.
Der Stab wird mit braunem Band umwickelt.

Festliche Ansteckerl für Brautpaare

Material:
1 Dreier-Perldrahtrispe
mit Wachsperlen, ∅ 5 mm
1 Dreier-Ilex mit Bouillon umwickelt
1 Perldrahtblüte mit 5 mm großer Glasperle
einige kleine Vergißmeinnicht und Knospen
7 grüne Myrten
30 cm Samtband 5 mm breit
1 Anstecknadel

Mit der Perldrahtrispe beginnen und mit Draht alle oben angegebenen Dinge nacheinander dazubinden. Mit den Myrten unterlegen und zum Schluß das Schleifchen anbringen. Stiele kürzen, die Anstecknadel mit einer Zange am Stiel festklemmen und mit Bindeband versäubern.

Blüten-Kämmchen als Haarschmuck für die Braut

Anfertigung der Drahtblätter: Um eine Stopfnadel wird der Messingdraht 0,5 zirka vierzigmal gewickelt, am Anfang und am Ende der Spirale jeweils einen Stiel von ca. 5 cm überstehen lassen. Die Spirale wird von der Nadel abgezogen, zu einem Blatt geformt und mit feinem Goldbouillon bespannt. 3 Ilex mit Silberbouillon dick umwickeln, einige Perlenrispen anfertigen. Alle Dinge einzeln und nacheinander mit dem Messingdraht 0,3 zu einem länglichen Bukett binden. Zu dem angegebenen Material werden noch einige Vergißmeinnicht, Apfelblüten und Myrten gebunden. Das Gebinde mit Golddraht auf dem Kämmchen befestigen.

Die Nelke wird am Nelkenhals mit Bouillon verziert

So wird eine Nelke mit einer Perle verziert.

Auf dem Bild unten sehen Sie mit Perlen und Bouillon verzierte Nelken für Mini-Sträußerl, Kränzchen und Nelkenkugel.

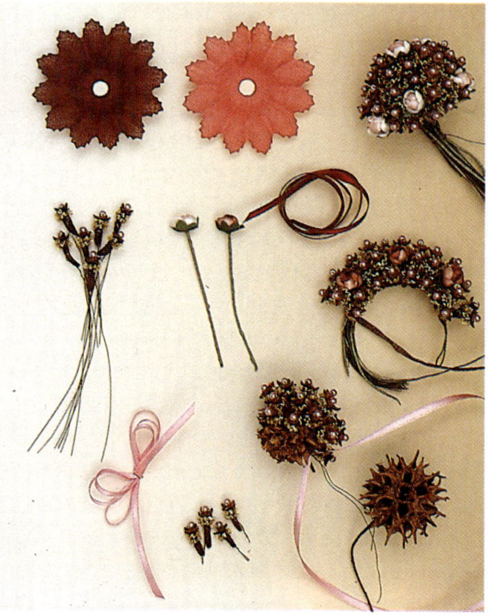

Verzieren von Nelken

mit Perlen und Bouillon für Mini-Sträußerl, Kränzchen und Nelken-Kugel

Dazu brauchen Sie:
Nelken ohne Köpfchen
Wachsperlen, ∅ 3 oder 2 mm
Goldbouillon mit Zackenprägung, Nadelstärke 1,70 oder 1,25
1 Spule Nelkendraht, braun, 0,30 mm

Anleitung: Auf einen 15 - 20 cm langen Nelkendraht wird ein 2 cm langes Bouillon-Stück und 1 Perle aufgezogen und diese zur Mitte des Drahtes geschoben. Der Draht wird jetzt um den Nelkenhals nach oben festgedreht, die Perle in die Mitte der Nelkenkrone eingelegt und das Bouillon unter dem Krönchen nach unten gewickelt. Auf dem Foto ist dieser Vorgang deutlich zu erkennen.

Die Nelke wird am Nelkenhals mit Bouillon verziert

Ein 5 cm langer Goldbouillonstreifen, Nadelstärke 1,70 auf einen 15 cm langen braunen Nelkendraht auffädeln und zur Mitte schieben. Den Drahtanfang zweimal um den Hals der Nelke drehen bis unter das Krönchen, das Bouillon vorschieben und spiralenförmig um den Nelkenhals nach unten wickeln. Beide Drahtenden unterm Stiel zusammendrehen.

Mini-Perlensträußerl

Material:

ca. 40-50 Nelken nach Anleitung gearbeitet
Nelkendraht 0,30
1 Mini-Stoffmanschette, ∅ 55 mm
50 cm Zierband, 3 mm breit
6 kleine Rosenknospen oder
8 Vergißmeinnicht

Anleitung: Man beginnt mit einer Blüte, an dessen Stiel der Draht zum Binden befestigt wird. Um diese Blüte werden etwas unterhalb 6 Nelken gruppiert und festgebunden. In der zweiten Reihe 10 Nelken, in der dritten Reihe 12 Nelken und 2 Blüten, in der vierten und letzten Reihe 13 Nelken und 3 Blüten. Unter die letzte Reihe wird das Schleifchen gelegt und mit Draht festgebunden. Die Manschette aufschieben, die Drahtstiele kürzen und mit braunem Floristenband versäubern.

Perlen-Nelkenkränzchen

Material:

ca. 55-60 verzierte Nelken nach Anleitung
6 kleine Röschen oder Vergißmeinnicht
Nelkendraht 0,30
50 cm Zierband, 3 mm
Bindeband braun, 13 mm breit
ca. 30 cm langen Führungsdraht 0,6 mm

Anleitung: Die Nelken werden mit Perlen und Goldbouillon verziert wie auf Seite 10. Auf den Führungsdraht werden die Nelken jeweils einzeln, aber 3 Stück nebeneinander, aufgesetzt und mit dem Klebeband 1-2 mal festgebunden. Wenn ein Röschen eingebunden wird, ersetzt dieses die mittlere Nelke. Beim Binden das Kränzchen immer in die Rundform biegen. Das Kränzchen zusammenschließen und Schleifchen in die Lücke einsetzen.

Perlen-Nelkenkugel
Um den Liquidambazapfen wird ein dünner Draht gelegt und damit das Aufhängeband befestigt. Die verzierten Nelken mit UHU in die Löcher der Kugel einkleben. Zum Schluß die Schleife aufbinden.

Festlicher Tischschmuck

1. Kerzenkränzchen altrosa

Material:

4 Perlendrahtblüten in Silber mit Gold bespannt anfertigen
4 5er Rispen aus Wachsperlen, ∅ 4 mm (siehe Anleitung)
4 Goldblätterrispen
5 Ilex mit Gold- oder Silberbouillon umwickelt
30 cm Draht, 0,6 mm, zum Aufbinden
4 Bündel Perlennelken wie Seite 10 beschrieben
grünes Bindeband
ca. 10 Seidenröschen und
ca. 16 Vergißmeinnicht
1 m Samt, 5 mm breit, in der Farbe zu den Blüten passend

An Führungsdraht eine kleine Schlaufe legen, das Klebeband zum Binden befestigen. Alle Teile einzeln ansetzen und festbinden. Mit einer Rose beginnen und außen 4 kleine Vergißmeinnicht. Jetzt fortlaufend arbeiten, nach der Rose die Perldrahtblüte, daneben ein Bündel Nelken zu 5 Stück, anschließend eine Perlenrispe und die vorbereitete Blätterrispe unterlegen.

Das Kränzchen beim Binden immer in Rundform drücken und nach der gegebenen Reihenfolge weiter binden. Zum Schluß lückenlos zusammenschließen und die gut gelegte Samtschleife anbringen.

Eine Rispe aus Bouillon entsteht so: Für eine Fünfer-Rispe verwendet man ein 13 cm langes Goldbouillon, welches auf einen 0,40 starken Messingdraht aufgezogen wird. Den Draht mit dem Bouillon um einen runden Stift legen und beide Drähte zirka 3-4 mal fest zusammendrehen. Dann die nächste Schlaufe um den Stift legen usw. Arbeiten bis das Bouillon zu Ende ist. Das Ganze vom Stift abziehen und die Schlaufen nach rechts und links biegen und zu Blättern formen. Die Rispen mit ganz feinem Goldbouillon (Nadelstärke 0,65) nacheinander bespannen.
Sollen die Rispen länger sein, z.B. für den Kerzenständer, Spiegel und das Herz, wird das Bouillon entsprechend länger genommen.

2. Serviettenständer

Material: *2 Seidenröschen*
3 Knospen und 5 einzelne Vergißmeinnicht
1 Perldrahtblüte mit einer Glasperle, ∅ 5 mm
2 Goldblätter-Rispen mit 5 Schlingen
1 Perlen-Rispe mit 5 Perlen, weiß, ∅ 4 mm
1 Perlen-Rispe mit 5 Glasperlen, farbig, ∅ 4 mm
3 Nelken mit Perlen und Goldbouillon verziert
50 cm Samtband, 5 mm breit
3 Ilex mit Goldbouillon umwickelt
1 Glas-Serviettenständer

Anleitung zum Serviettenständer: Wir beginnen mit einer Goldblätter-Rispe, an deren Stiel der Messingdraht 0,30 zum Binden befestigt wird. Jedes Teil wird einzeln dazugesetzt und wie ein Bukett nach unten breiter werdend gebunden.
Die Reihenfolge ist auf dem Foto oben gut zu erkennen. Zum Schluß wird unter dem Gebinde die Schleife angebracht, die Stiele gekürzt und mit Klebeband versäubert. Das ganze Bukett wird nun mit einem dünnen Draht am Ring des Serviettenständers festgebunden.

Aparte braun-goldene Tischdekoration

(Siehe Umschlagrückseite)

Perlen und Seidenrosen als Schmuck für den Kerzenständer aus Kristall

Fertigen Sie lange Rispen aus verschiedenartigen Perlen. Diese werden mit hellbraunen Seidenröschen eng aneinander auf die Mitte eines 1 m langen braunen Samtbandes, 5 mm breit, mit dem 30er Messingdraht aufgebunden. Aus dem 1 m langen und 5 mm breiten Samtband wird eine füllige Schleife gelegt und als Abschluß des Blüten- und Perlenarrangements befestigt. Das dekorierte Samtband wird nun um den Glaskelch, der in der Mitte des Stiels eine verdickte Glasverzierung haben sollte, damit das Gebinde nicht abrutschen kann, gebunden.

Spiegel im Wachsrahmen

(Siehe Umschlagrückseite)

Material:
2 Bouillonrispen mit 7 Blättern
2 Perlenrispen mit je 5 Goldperlen, ∅ 5 mm
6 mit Bouillon dick umwickelte Nelken
einige Glasperlen zum Einbinden
4 hellbraune Seidenröschen
4 Goldröschen
60 cm braunes Samtband, 5 mm breit
60 cm Goldlurexband, 5 mm breit
1 Spiegel im Wachsrahmen

Anleitung: Zwei gleich große längliche Gebinde ähnlich wie beim Diadem anfertigen, die Drähte fest abbinden und auf 1 cm kürzen. Ein bohnengroßes Knetband auf die obere Mitte des Rahmens drücken, die 2 Blütengebinde einsetzen und im Zwischenraum die braune Samtschleife einstecken.

Kerzenständer mit Bouillonrispen und Seidenröschen

Das Material für diesen Kerzenständer (wie Titelbild) ist dasselbe wie beim braunen Kerzenständer.

Material:
2 Bouillonrispen mit 7 Blättern
1 Bouillonrispe mit 5 Blättern
6 verzierte Nelken
3 7er Perlenrispen, farbige Wachsperlen, ∅ 6 mm
2 5er Perlenrispen, farbige Glasperlen, ∅ 5 mm
5 Seidenröschen und einige Vergißmeinnicht
1 Kerzenständer aus Glas und 1 Kerze, zur Farbe der Blüten passend

Das Arrangement so zusammenbinden, daß die Rosen die Mitte angeben, die Bouillonrispen und Perlen etwas abstrakt zwei Zweige nach unten und ein Zweig nach oben gebogen herausragen. Die Kerze wird in den Ständer gestellt. Auf den Glasständer vor die Kerze wird ein haselnußgroßes Knetband angebracht und das Bukett darauf festgedrückt. Eine Schleife mit langen Enden seitlich eingesteckt verdeckt den Abschluß.

Nelkenbäumchen in Silber

(Siehe auch Seite 16 und 17!)

Material:
ca. 100 silberumwickelte Nelken
12 kleine blaue Rosenknospen
1 m weißes Satinband und
1 m blaues Satinband, 3 mm breit
1 m Silberlitze
1 Super dry Steckziegel
1 Hartschaumkugel, ∅ 4 cm
1 Keramikgefäß, 4,5 cm hoch, ∅ 4,5 cm
20 cm langer Rundstab, ∅ 4 mm
1,20 m weiße Kordel

Grundanleitung wie beim Tischbäumchen im Messingtopf. Der Drahtstiel von den mit Silberbouillon umwickelten Nelken wird auf ca. 3 cm gekürzt, in UHU coll eingetaucht und die Kugel damit rundherum lückenlos besteckt. Die 3 Bänder miteinander zur Schleife legen und unter die Kugel mit Draht einstecken. Den Fuß des Bäumchens mit Silberfolie oder Moos abdecken.

Blau-Silberne Kombination

Spiegel und Glasherz mit Zinneinfassung
Dazu passend Silberbouillonrispen mit Perlen und blauen Seidenblüten.

Man bindet ein fülliges Bukett mit zwei langen Silberrispen, verschiedenen Perlenrispen, einigen Seidenröschen, einer Perldrahtblüte und mit Silber umwickelten Nelken. Die Arbeitsweise wurde bereits beim Serviettenständer auf Seite 13 beschrieben.

Wachsbilderrahmen mit Seidenblüten hübsch dekoriert

Ein besonders aparter Wandschmuck.

Material:
Bouillon Ndlst. 0,65 mattglatt hellgold zum Bespannen
Perldraht Stärke 14, gold oder silber
3 Glasschliffperlen, ∅ 5 mm
einige Wachsperlen, ∅ 4 mm, für Perlenrispen
Messingdraht, ∅ 0,40, 0,30 oder 0,26
einige Seidenblüten
60 cm Samtband, 5 mm
1 Wachsbilderrahmen
1 Karton für die Rückseite
1 Stück Samt zum Aufkleben
Kleber: UHU coll express

Anleitung: Den Karton nach Rahmeninnenform ausschneiden, den Samt daraufkleben und die überstehenden Reste wegschneiden. Perldraht-Blätterrispen, Perldrahtblüten und Perlenrispen nach Anleitung arbeiten. Mit diesem Material wird das Bukett angefertigt und mit Seidenblumen aufgelockert. Am Stiel eine Samtschleife anbringen und mit Bindeband versäubern. In die Samtrückwand mit einer dicken Nadel zwei Löcher einstechen und das Bukett mit einem Draht befestigen. Dieses wird dann in den Rahmen eingeklebt.

Bindetechnik für das Wandgebinde

Wenn das Material aufgedrahtet und verziert, der Ruskus zu jeweils zwei Stück zusammengebündelt ist, beginnt man mit dem Aufbinden.

Ich lege drei Ruskusbüschel wie ein Dreieck am Stab flach an und binde jetzt jedes Teil einzeln mit dem Bindeband daran fest. Als Spitze verwende ich einen Mohn oder einen besonders schönen Zapfen. Seitlich je einen gleich großen Zapfen, dann wieder seitlich je einen Mohn, wobei der Ruskus zum Unterlegen gleich mitgebunden wird. Die Mitte mit kleinen Ruskuszweigen abdecken und mit den verschiedensten Materialien auffüllen.

Für die Mittellinie möglichst markante Dinge wählen, wie z. B. Seidenblüten, Exoten, Goldbouillonblüten, eine Nuß mit Bouillon bespannen usw. Achten Sie darauf, daß die Zapfen seitlich nach unten in der Art abwechseln und größer werden. Das Gebinde bei der Arbeit am Tisch aufliegen lassen, damit die Rückseite schön flach wird. Bei der gewünschten Größe mit einer Ruskus- oder Zapfenreihe abschließen.

Dieses Gebinde verträgt in der Breite jeweils zwei Doppelschleifen, die als Abschluß unter dem Gebinde mit Klebeband befestigt werden.

Kostbares Wandgebinde, passend zum Strauß

Material:

1 Rundstab, 50 cm, ∅ 6 mm
Grundmaterial wie beim Strauß angeführt. Die Zapfen können auch etwas größer verarbeitet werden. 2 Goldbouillonblumen und eine Bortenblume mit je einer Perldrahtblüte als Mitte nach Anleitung Seite 2 und 3 anfertigen.
5 Seidenröschen
2,5 m Leinenband, 2,5 cm breit, altrosa

Schmuckvoller Biedermeier-Strauß
(Siehe Seite 19!)

Material:
Grundmaterial zusammenstellen wie auf Seite 21 beschrieben oder nach Belieben
3 Goldbouillonblumen mit Perldrahtmitte nach Anleitung Seite 2 anfertigen
1 Stoffmanschette, bordeaux, ∅ 22 cm
2 m Satinband, 15 mm breit, altrosé
2 m Samtband, 9 mm breit, altrosé
9 Seidenrosen, altrosé
Perlen und Goldbouillon zum Verzieren
etwas vergoldetes Zittergras
Die Bindetechnik wird nachfolgend beim Strauß beschrieben.

Wie binde ich einen Strauß?

Die Bindetechnik, wie sie hier beschrieben wird, kann bei jedem Strauß angewandt werden. Gleichgültig ob es ein großer oder kleiner Strauß ist, ob er mit Ruskus, Statize, Moos oder nur mit Zapfen gebunden wird.
Das mit Draht befestigte und verlängerte Material wird jeweils *einzeln* entweder mit Bindeband, Bast oder Draht an einen Rundstab gebunden, der zugleich die stabile Mitte angibt.
Ich beginne mit einer schönen Mohnkapsel, einem Zapfen oder einer Blume, setze etwas unterhalb eine klein aufgedrahtete Ruskusreihe an, so daß die Mitte schön eingebettet ist. Die zweite Reihe mit Material wie auf der Abbildung kommt wieder etwas unterhalb, z. B. eine Rose, ein Lärchenzapfen, ein Zimt, ein Bucheckerl, dann folgt wieder eine Ruskusreihe.
So eine Runde nach der anderen fortführen, immer etwas breiter werdend, bis die gewünschte Größe erreicht ist. Die Unebenheiten in der letzten Reihe können mit etwas länger angedrahteten Ruskuszweigen ausgeglichen werden.

Eine zu der Farbe der Blüten passende Schleife wird gelegt, mit 7er Draht abgebunden, unter den fertigen Strauß gesetzt und mit dem Bindeband am Stiel befestigt.
Eine aufgeschobene Manschette bildet den Abschluß. Die Drahtenden des Straußes mit einer Zange kürzen und mit Bindeband versäubern. Bevor die Manschette aufgeschoben wird, können Gräser oder Blüten auch noch nachträglich in den Strauß eingezogen werden. Durch das Binden Reihe für Reihe haben Sie die Form des Straußes besser in Ihrer Kontrolle.

Material für Sträuße, Wandgebinde und Kränze

Ich führe hier einmal die *verschiedenen Arten der Zapfen* und Exoten auf, und Sie können sich Ihr Material nach Ihrem Belieben zusammenstellen. Einige Zapfen kann man beim Wandern im Wald oder auch im Urlaub selbst sammeln.
Salignum, Cupressum, Erlen, Kiefern, Lärchen, Liquidamber (Amberbaum), Striktum, Sylvestrisrosen, Hakea, Wellingtonia, Mohn, Bakulifrüchte, Kasuarina, Minirosetten, Lotoskolben, Eukalyptusglocken, Buckeckerl und einiges mehr.

An Gewürzen: *Zimt, Nelken, Anis, Eukalyptusfrüchte, Muskat, Kandis, Ingwer, Gewürzkugeln und vielerlei Nüsse.*

Zum Andrahten für Ruskus und leichtere Dinge wie Bucheckern, Erlen, Zimt, Anis usw. nehme ich Drahtstärke 0,6 bis 0,7. Für Zapfen, Mohn und Nüsse, die größer und schwerer sind und mehr Halt benötigen, den Draht 0,8 bis 0,9 mm. Einen Rundstab für Sträuße, 25 cm lang, ∅ 6 mm, einen Rundstab für Wandgebinde je nach Größe ca. 50 cm lang, ∅ 8 mm. Braunes oder grünes Floristenband (Bindeband).

So wird eine Schleife gelegt

Es ist egal, ob Sie ein Band zur Schleife legen oder wie auf den Abbildungen drei verschiedene Arten von Bändern verwenden. Die Legetechnik bleibt dieselbe.
Bei einem einfachen Band könnte man, um mehr Fülle zu bekommen, nach der Doppelschleife (siehe Bild 4) nochmals eine Achter-Schlinge etwas kleiner wie die anderen Schlaufen oben auflegen.

1

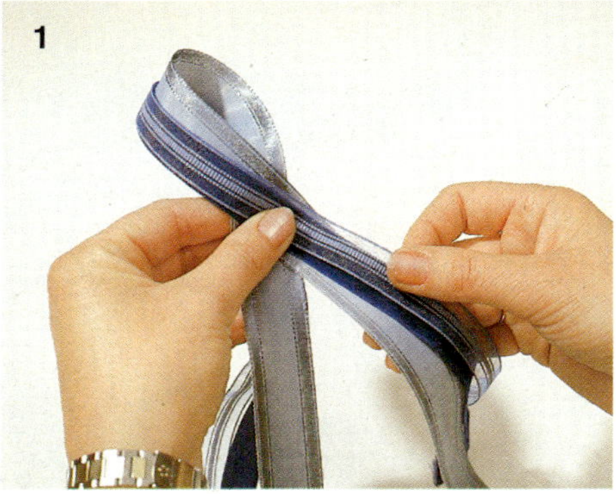

Ich nehme das Band, die rechte Seite nach unten, in die linke Hand. Mit der rechten Hand lege ich die erste Schlinge und halte sie mit dem Daumen und Zeigefinger der linken Hand.

2

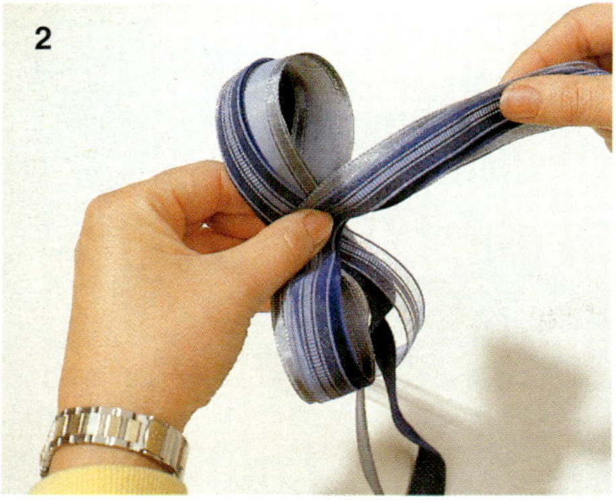

Die zweite Schlinge ebenso groß auf die Mitte legen, wobei man besonders darauf achtet, daß die Schlinge in der 8er-Form aufliegt.

3

4

Die dritte wird nach unten geführt und ebenfalls mit Daumen und Zeigefinger am Mittelpunkt festgehalten. Die vierte Schlinge von unten schräg auf die Mitte.

5

Über die Schleifenmitte einen Draht 0,7 legen und auf der Rückseite ganz fest zusammendrahten. So wird die Schleife richtig füllig.

6

Tischbäumchen im Messingtöpfchen

Material: *Draht, ∅ 0,5*
1 Messingtöpfchen, Innen-∅ 7 cm
1 Hartschaumkugel, ∅ 6 cm
1 Hartsteckschwamm Super Dry
2 m rosa Satinband mit Noppen, 10 mm breit
12 Seidenröschen, altrosa
12 Rosenknospen, bordeaux
7 Bündel mit Goldbouillon umwickelte Nelken zu 5 Stück zusammengedreht
20 Ilex, hellrosa oder weiß
1,5 m Kordel, weiß
1 ca. 30 cm langer Rundstab, ∅ 4 mm
weiße Kakteenkiesel
einige Bucheckern, mit Goldbouillon verziert
Erlen und Minimohn

Anleitung: Der Steckschwamm wird in das Gefäß eingepaßt, der Rundstab eingesteckt, mit Kleber bestrichen und mit der Seidenkordel umwickelt. Die Kugel oben auf den Stab aufgesteckt. Das stiellose Material wird mit dem Draht befestigt, unter dem Zapfen doppelt zusammengedreht und auf ca. 3 cm gekürzt. Um sicher zu gehen, daß alles fest in der Kugel hält, könnte man die Stiele vor dem Einstecken noch in UHU coll express eintauchen. Das Material wird ganz nah aneinander rund um die Kugel eingesteckt. Kleine Lücken mit dem Minimohn, Ilex oder Knospen ausfüllen.
Die gelegte Schleife mit Draht unter das fertige Bäumchen einstecken. Hübsch sehen Kakteensteinchen als Abdeckung aus.

Hufeisen hübsch dekoriert

Ein längliches Bukett aus Stoffblumen, einer Perldrahtblüte, Perlenrispen, Nelken und Erlen binden. Mit Myrten unterlegen. Eine Samtschleife an den versäuberten Stielen (Drahtenden) anbringen und auf dem Hufeisen festbinden.

Filigran-Schmuck für den Christbaum

Material:
ca. 28 cm Goldbouillon mit Zackenprägung, Nadelstärke 2,10
ca. 28 cm Silberbouillon mit Zackenprägung, Nadelstärke 1,70
Goldbouillonschlange Nadelstärke 0,65
zum Bespannen Messingdraht 0,60
1,20 m Goldlurexband, 5 mm breit
1 Dreier-Perldrahtrispe gold
3 Goldröschen
3 Gold-Vergißmeinnicht
1 Stricknadel Nr. 2

Anleitung: Goldbouillon und Silberbouillon auf den Draht 0,6 aufziehen. In der Mitte der beiden Stränge eine kleine Schlinge drehen, die zugleich als Aufhänger dient. Der Messingdraht muß an beiden Enden ca. 15 cm überstehen. Beide aufgezogenen Gold und Silberbouillonstränge werden mit der Öse beginnend auf einer Stricknadel Nr. 2 gleichzeitig und spiralförmig umwickelt. Die Spirale von der Nadel abziehen, zur Schlinge legen und die Drahtenden zusammendrehen und kürzen. Jetzt können Sie verschiedene Formen biegen, z.B. Glokken, Dreiecke, Ovale und Gebilde nach Phantasie. Mit feinem Schlangenbouillon vorsichtig bespannen.

Für die Filigranglocke werden drei Stränge Goldbouillon von je 20 cm Länge jeweils einzeln auf den Messingdraht aufgezogen. Die 3 Messingdrähte zur Öse zusammendrehen, damit das Bouillon nicht abrutschen kann, und vorsichtig locker ineinander flechten.
50 cm Goldband durch die Öse ziehen. Aus dem übrigen Material wird ein kleines Bukett gebunden, aus dem restlichen Goldband die Schleife gelegt und am Bukett angebracht. Die Drahtstielchen ganz kurz abschneiden. Das Bukett auf die Drahtöse legen und miteinander verbinden.

Goldnüsse mit Bouillon bespannt

In eine Walnuß wird eine Ringschraube eingeschraubt. Ein Strang Goldbouillon (Nadelstärke 2,10, mit Zackenprägung) wird leicht auseinandergezogen und gleichmäßig um die mit UHU bestrichene Walnuß gesponnen. Zum Aufhängen der Goldnuß wird ein 50 cm langes Goldband durch den Ring der Schraube gezogen und das kleine Blütenbukett samt Schleife mit dem Aufhängeband an die Öse gebunden.

Material für das kleine Bukett:

3 Goldröschen
3 Seidenröschen (farbig)
6 Nelken, mit Goldbouillon umwickelt (siehe Anleitung)
2 Ilex, farbig
6 Gold-Mini-Ähren
1 m Goldband, Breite 4 mm
2-3 kleine Erlen
1 Rolle Draht 0,30

Salzburger Mohn

Material:
1 großer Mohnkolben
ca. 15 cm Goldborte, 2 cm breit
2 rote Röschen
2 rote Ilex
2 Gold-Vergißmeinnicht
einige kleine Erlen
Minimohn, Bucheckern, Anissterne
4 mit Goldbouillon umwickelte Nelken
3 cm Knetband
50 cm Goldband, 3 mm breit
50 cm rotes Samtflechtband, 5 mm breit, mit Goldstreifen

Anleitung: Den Mohnstiel auf 2 cm kürzen, um ihn das Goldband zum Aufhängen knüpfen, die Mohnkugel mit der Goldborte bekleben, das Knetband um den Strunk legen und festdrücken, das stiellose Material andrahten und teilweise mit Goldbouillon verzieren und in die Knetmasse rundherum einstecken. Das rote Band zur Schleife legen, mit Draht abbinden und dazwischensetzen.

Goldener Mohn

Ein alpenländischer Weihnachtsschmuck! ▶

Ein besonderes Dankeschön für einen uns lieben Menschen.

Material:

1 großer Mohn, vergoldet
einige Gewürze werden mit Goldbouillon verziert wie z. B. Nelken, Zimt, Anis.
Perlen und Pailetten zu Rispen gearbeitet
3 bis 4 Erlen mit Draht aufgezogen
1,50 m Goldlurexband, 10 mm breit
2-3 Goldblüten
vergoldete Gräser wie Zittergras oder Linogras

Anleitung: In den Mohnstiel wird ein 30 cm langer, 0,16 starker Draht eingeschoben. Das Material wird wie bei dem Ei auf Seite 44 unter den Mohn gebunden.

Metallblumen oder Spiegelblumen

Sehr schön wirken diese Blumen in einem steinernen Krug mit frischen Tannen- oder Kiefernzweigen.

Phantasieblumen aus weichem Metallblech, 0,15 mm stark, mit kostbarem und aufwendigem Innenleben. Für diese künstlerischen Werke können Sie verwenden: Perlen, Stifte, Pailetten, Tropfen, Rocailles, Spiegel, Oliven aus Glas usw. Außerdem Gold- oder Silberbouillon in den verschiedensten Ausführungen, Perl-, Plomben- oder Messingdraht.

Die Blüte besteht aus einer kleineren und zwei großen Blütenformen, die aus der Metallfolie herausgeschnitten werden. Die vorgezeichnete Papierschablone übertragen Sie mit einem Metallstift auf die Metallfolie und schneiden sie mit einer Schere aus.

Die kleine Schablone mit Blatt ist für den goldenen Kranz gedacht. Für die große Phantasieblume verwenden Sie die mittlere und die zwei großen Schablonen. Die Originalgröße der Schablonen können Sie der Zeichnung entnehmen, indem Sie ein Transparentpapier darüber legen und die Kontur mit einem Filz- oder Bleistift nachzeichnen und auf einen festen Karton übertragen.

◄ So sehen die 4 Schablonen für die Blüten in Originalgröße aus, hier 4 Stück übereinandergelegt.

So groß ist das Blatt für den Metallkranz. Für größere Blüten können sie das Blatt sicherlich selbst vergrößern. ▼

Die Blütenblätter werden mit einem Stift strahlenförmig von innen nach außen eingeritzt (Abb. A). Damit die Blüten alt aussehen, wird die Folie mit der rauhen Seite eines Scheuerschwammes abgerieben (Abb. B). Mit einem Pinsel die Zier-Metallpaste (Gold, Silber oder Kupfer) nur stellenweise auftragen und dann mit einem weichen Tuch verwischen.
Zwischen jedem Blütenbogen wird mit der Schere 1 cm tief zur Mitte eingeschnitten.

Die Metallblütenblätter werden nun mit dem Scherenrücken nach Belieben nach innen oder nach außen gebogen (Abb. A + C). Die Mitte der Blüten wird durchstochen, um den Blütenkern durchzustecken. Den Blütenkern nach Ihrer Phantasie anfertigen (siehe Anleitung Borten, Spiral- und Perldrahtblumen). Man unterlegt den Blütenkern erst mit dem kleinen nach oben gebogenen Blütenblatt und dann mit den beiden größeren nach unten gebogenen Blättern.

Als Stiel verwendet man einen ca. 50 cm langen Schweißdraht 2 mm, an den man die fertige Blüte mit Bindedraht befestigt.
Nach der vorgegebenen Schablone werden nun zwei geritzte und mit Draht verlängerte Stielblätter ebenfalls versetzt am Stiel angebracht.

Goldener Kranz aus Metallblumen

Material:

Aluminiumblech, weich, 0,15 mm stark (Oberseite gold, Unterseite silber)
Messingdraht, Stärke 0,40 und 0,60
54 Goldperlen, ∅ 6 mm
9 Perlkappen in Gold, ∅ 1 cm
90 Goldähren (Ilex, Minigoldähren)
10 Strang Goldbouillon-Schlange matt, Nadelstärke 0,80
3,5 m Goldlurexband, 25 mm breit
60 cm Führungsdraht
Bindeband, braun
9 Wachsperlen, farbig, ∅ 6 mm

Anleitung: 18 Blüten und 28 Blätter nach Schablone ausschneiden (siehe Seite 30) und mit dem Metallstift einritzen. Mit der rauhen Seite des Scheuerschwammes das Gold stark abreiben. Mit dem Rücken der Schere von neun Blüten die Blätter nach oben und von 9 nach unten biegen. In die Mitte eine Öffnung stechen.
Für die Blütenmitte Spiralblüten anfertigen. 10 cm Goldbouillon-Schlange auf einen 0,40 starken Messingdraht auffädeln und um eine feine Nadel wickeln. Die Spirale abziehen, zum Blatt formen und mit dem feinen Bouillon bespannen. Davon werden 5 Stück angefertigt. für den Blütenkern eine farbige Wachsperle mit Draht in eine Perlkappe einsetzen und die 5 Spiralblätter um die Perle gruppieren und mit dem Draht festbinden, sowie zwischen jedes Blatt 2 Goldähren.

Unter diese Spiralblüte eine nach oben gebogene und eine nach unten gebogene Metallblüte aufschieben und den Stiel mit Bindedraht versäubern.

Mit einer Nadel stechen wir in die 28 Metallblätter jeweils 2 Löcher ein, um sie mit dem Messingdraht 0,60 zu verlängern.

Bindetechnik: Aus dem 2 m langen Goldlurexband legen wir 10 Schleifen à 20 cm Länge, welche dann mit dem Messingdraht abgebunden werden. 18 Goldperlenrispen zu je 3 Stück mit 0,40 Messingdraht anfertigen. Auf einen grünen festen Führungsdraht werden abwechselnd jeweils einzeln mit Klebeband aufgebunden: 1 Blatt außen, 1 Blatt innen, eine Schleife und eine Blüte in die Mitte. Die Perlenrispen gleichmäßig im Kranz verteilen. Beim Binden den Draht immer in Rundform biegen. Das Drahtende wird versäubert, unter den Anfang geschoben und beide Teile mit Draht verbunden. In diese Lücke wird das 1,50 m lange Goldband als Schleife eingesetzt.

Wandgebinde mit Metallblüten

Material:
1 Indienkorn und Linogras, vergoldet
8 Lärchen und 6 Muskatnüsse andrahten
3 Metallblumen nach Phantasie und Anleitung Seite 30 und 31
8 Mohnkapseln
6 Attechine mit Bouillon verziert
3 Lotoskolben
8 Cupressus

8 Strictum
20 Bucheckern (ab hier mit Bouillon und Perlen verzieren)
6 Zimtstangen
6 Anissterne
6 Casuarinazapfen
3 Kandiszucker
7er und 8er Draht
Bindeband braun
1 Rundband, braun
1 Rundstab 50 cm, ∅ 6 mm
1 Goldspray
1,5 m Goldlurex, 15 mm breit
3 m Goldlurexband, 20 mm

Die Bindetechnik ist wie bei allen Wandgestecken. Zapfenrosetten und Metallgoldblumen wechseln ab und dominieren. Einige Schleifen vom schmalen Goldband dazwischen binden. Indienkorn, Linogras und eine Goldschleife zieren das Gebinde.

Blauer Silber-Trachtenhut

Das Grundmaterial und die Anfertigung ist wie beim Priener Hut. Nur wird die Schachtel offen auf die Scheibe gesetzt und mit einem Hartschaum-Ziegel ausgefüllt.

Das Material zum Ausstecken:
8 hellblaue Röschen mit feiner Silberspitze unterlegen
12 dunkelblaue Seidenröschen
einige Erlen und Gewürzkugeln
2 Indienkorn, versilbert
5 kleine Spiegel und 5 weiße Kandiszucker mit Silberbouillon bespannen
10 weiße Ilex zu jeweils 2 Stück zusammendrehen und unter dem Köpfchen dick mit Silberbouillon umwickeln. Mit dem Indienkorn den Schwamm vom Rand beginnend zur Mitte ziemlich abdeckend mit den Strohblumennadeln feststecken. Dann mit den aufgedrahteten Erlen und übrigen Dingen den Hut dicht ausstecken. Achten Sie darauf, daß der Hut in der Mitte etwas höher gesteckt wird. Dies gibt dem Wandschmuck ein lieblicheres Aussehen.

Quasten für Schlüssel oder für Trachtenhüte

Diese Quasten sind sehr hübsch als Schlüssel-Quaste an einem Bauernschrank oder einer Glasvitrine und auch zum Zusammenhalten von Vorhängen. Die Fransen gibt es in verschiedenen Farben.

Das Material für 1 Quaste:
1 Holzperle, ∅ 22 mm, Bohrung 10 mm
1 Holzolive, ∅ 22 mm, 32 mm lang, Bohrung 10 mm
5 m feiner Goldfaden (zum Bespannen der Holzperle)
40 cm Goldkordel, Stärke 3,5 mm (als Schlaufe f. d. Quaste)
15 cm Borte, 2 cm breit
15 cm Zackenborte zum Besticken, 2,5 cm breit
40 cm Fransenborte, farbig, 10 cm breit
6 Straßsteine, farblich zur Franse passend
12 weiße Wachs-Perlen, ∅ 2 mm
15 cm lange Borte oder Litze, 5 mm breit
1 UHU

Anleitung: Der feine Goldfaden wird durch eine Stopfnadel gefädelt. Beide Enden werden zusammengeknotet, so daß der Faden doppelt ist. Dann die Kugel durch die Bohrung so oft umschlingen, bis vom Holz nichts mehr zu sehen ist. Die dicke Goldkordel wird doppelt durch die Olive und die umwickelte Kugel gezogen. Unter der Olive wird die Kordel festgeknotet.

Die 2 cm breite Goldborte wird doppelt um den oberen Teil der Olive und die mit UHU bestrichenen 40 cm Fransenborte unterhalb der Goldborte angeklebt. Die Zackenzierborte wird mit den gefaßten Steinen und Perlen mit Nähseide bestickt und auf den Fransenansatz angebracht.
Die schmale Goldlitze dient als Abdeckung der oberen Kante der Fransen und der aufgeklebten bestickten Zierborte.

Ein Bortenhut mit geheimer Schmuckschachtel

Das Material und die Arbeitsweise ist ähnlich wie beim Priener Hut.
Die Holzscheibe und die Schachtel werden mit verschiedenen Borten und Samtbändern beklebt. Der Schachteldeckel wird mit Nelken, Melonenkernen oder Blüten nach Phantasie verziert. Das Innere der Schachtel mit einem Dirndlstoff ausfüttern und die Kante mit einer Borte abdecken.
Mit einer Samtschleife und zwei Quasten sieht der Hut noch wertvoller aus.

Ein Trachtenhut mit einer schmuckvollen Zierde aus Goldbouillonblättern und Perldrahtblüten.
▼

Der Priener Hut

Material:
1 Holzscheibe, ∅ 25 cm, 5 mm stark
1 Spanschachtel, ∅ 15 cm, 5 cm hoch
1 schwarzes Samtstück, 25 x 25 cm
1 m Samtband, 5 cm breit, schwarz
80 cm Zierborte, ca. 2 cm breit, mit 25 Straßsteinen bestickt
80 cm schwarze Posamentenborte zum Kippen für den Rand, 15 mm breit
1 m Goldkordel, ∅ 0,35 cm
Für die Bänder 1,50 m schwarzes Taftband oder Moreeband, 5 cm breit
1,5 m schwarzes oder farbiges Samtband, 36 mm breit
2 Quasten nach Anleitung basteln wie Seite 36 beschrieben.

Anleitung: Den Rand der Scheibe mit schwarzer Farbe bestreichen. Vom Deckel der Schachtel eine Papierschablone anfertigen, auf die Mitte des Samtstückes legen und ausschneiden. Das Mittelstück wird auf den Schachtelboden geklebt, der überstehende Rand von ca. 3 mm nach unten gebogen und angeklebt. Den Schachtelrand mit UHU col bestreichen und das 5 cm breite Samtband anbringen. Vom Rest (ca. 55 cm) die Schleife legen und mit Stecknadeln festhalten. Die überzogene Schachtel auf die Mitte der Holzscheibe setzen und festkleben. Die restliche Fläche mit UHU col bestreichen und das verbliebene Samtstück über die Schachtel stülpen und auf der Scheibe festkleben.

Den überstehenden Stoff mit der Scheibenkante gleichschneiden. Die 80 cm schwarze Posamentenborte auf den Rand und die Kante des Hutrandes kippen und anschließend die bestickte Goldborte festkleben.

Der Übergang wird mit 50 cm farbiger Borte und 1 m Goldkordel abgedeckt.

Nun die langen Hutbänder am Hut feststecken, dann die vorgefertigte Schleife anbringen, die Quasten auflegen, die Goldkordeln der Quasten mit Stecknadeln fixieren und festkleben.

Großer ausgesteckter Trachtenhut

Material:
1 Sperrholzscheibe, ∅ 30 cm, 5 mm stark
1 schwarzes Samtstück, 30 x 30 cm
1 Hartschaumzylinder, ∅ 17 cm und 5 cm hoch
3 m Moréeband, schwarz, 5 cm breit
1 m Posamentenborte, schwarz, 12 mm breit
1 m Spitzenborte, 2 cm breit
1 m farbige Borte, 1 cm breit
4 m schwarze Bogenborte
1,5 m Goldkordel, 3,5 mm stark
2 Quasten nach Anleitung Seite 36

Material zum Ausstecken: *Diese Hutoberfläche nimmt vielerlei Gewürze und kleine Spielereien auf. Beschrieben bereits beim blauen Silberhut. Das Material wird dicht aneinandergesteckt, wie auf dem Foto gut zu erkennen ist.*

Die Scheibe wird mit Samt beklebt und die überstehenden Reste an der Kante weggeschnitten. Den Zylinder am Rand mit Taftband bekleben und dann in die Mitte des Deckels mit UHU col festkleben. Die angegebenen Borten werden nach Belieben am Hut angebracht. Aus dem schwarzen Moréeband werden Schleife und Hutbänder gefertigt.

Fertighüte hübsch dekoriert

Einige Vorschläge zum Dekorieren für Fertighüte, die in vielen Bastelläden preisgünstig angeboten werden.
Die verschiedenen Borten und Samtbänder, jeweils zu den Blüten passend, werden auf den Hut geklebt. Auf die Mitte des Zylinders wird ein haselnußgroßes Knetband aufgedrückt, in welches man Seidenblüten, Bouillonblüten, Perldrahtblüten und Gewürze wie Nelken, Anis oder Zimtstangen einsetzen kann. Eine schöne breite Spitzenborte, wie am ersten Hut, wirkt wie eine Manschette.

Besonders süß sind die Minihüte, schnell angefertigt, eine nette Kleinigkeit als Dankeschön.
Mit solchen hübschen Blütenarrangements und Borten können Sie auch Spandosen verzieren, um darin Ihren Krimskrams aufzubewahren.

Hutschachtel mit Borten und Blüten

Man kann darin auch Tücher oder Pelzmützen aufbewahren.
1 Sperrholz-Schachtel, ∅ 33 cm und 19 cm hoch (Schachtelumfang 105 cm). Eine hübsche Zusammenstellung von verschiedenen Gold- und Posamentenborten. Ca. 80 cm Goldspitze 2,5 cm breit zum Unterlegen der Mitte. Seidenblumen, in der Farbe zu den Borten passend. Einige Gewürze und Zapfen. Eine schöne Spiralgoldblüte, einige Goldblättchen, ca. 30 cm Knetband, Klebstoff.

Anleitung: Die Schachtel wird mit den Borten nach Belieben beklebt, bei der 80 cm langen Spitze wird der untere Faden zusammengezogen, die Borte zum Kreis geschlossen und auf den Schachteldeckel geklebt. Sie bildet die Manschette für das Blumengesteck. In die Mitte das Knetband etwa nußgroß aufdrücken und die einzelnen Teile schön füllig wie eine Halbkugel einstecken. Die Goldblättchen in gleichmäßigen Abständen etwas unter die Spitzenborte kleben. Das Innere der Schachtel mit Trachtenstoff oder Samt ausfüttern.

Goldene Ostereier am Stiel

Ein besonderes Präsent, kostbar dekoriert mit Borten, Perlen und Gräsern.

Material:
1 Plastikei
30 cm Spitzenborte
15 cm schmale Zopfborte
15 cm Goldlurexband, 4 cm breit
1,50 m Goldlurexband, 1 cm breit
1 Rundstab, 50 cm lang und 4 mm stark
10 Goldperlen, ∅ 6 mm
6 Pailetten, ∅ 15 mm
Messingdraht 0,30 und 0,40
3 Goldrosen
8 gefaßte Steine
Zittergras und Linogras goldgespritzt
1 UHU, braunes Bindeband

Anleitung: Das Ei wird auf beiden Seiten mit dem breiten Goldband beklebt. Auf die Kante wird die Spitzenborte gegeneinander und darauf die Zopfborte geklebt. Einen Tropfen UHU gibt man zwischen die Bogen der Spitzenborte und setzt die gefaßten Steine auf. Den Stab in das Loch im Ei einstecken. Die Perlen auf den 40er Draht und die Pailetten auf den 30er Draht zu Rispen verarbeiten. Diese Rispen mit den Gräsern Blüten unter das Ei rund um den Stab mit Draht festbinden. Das schmale Goldband teilen und jeweils 2 Schleifen legen, mit Draht abbinden und ebenfalls am Stab zu den Gräsern ansetzen und mit Klebeband den Stiel bis unten versäubern.
Sehr dekorativ sehen die Perlenschnüre dazu aus, die in Bastelgeschäften meterweise zu erhalten sind.

Brokat- und Samt-Eier, besonders apart

Die Brokat-Eier werden wie die mit Dirndlstoff beklebten Eier gearbeitet, die in meinem Buch „Schmuckvolle Ideen aus dem Chiemgau“ beschrieben sind. Ich kann den Arbeitsgang nochmals erklären:
Auf die eine Hälfte der Eifläche wird UHU mit dem kleinen Finger aufgetragen, nicht zuviel nehmen und nur den Rand bestreichen, sonst gibt es Flecken auf dem Stoff. Ein 8 x 8 cm großes Stoffstück wird schräg auf das Ei gelegt und bis zur Randmitte festgeklebt. Die Ecken rundherum wegschneiden und die restlichen Falten zum Rand ausstreifen. Die andere Seite des Eies ebenso arbeiten. Die Stoffkante wird mit einer breiten Borte abgedeckt, seitlich davon je eine Zopf- oder Röschenborte anbringen. Unter die Goldkordel, die auf die Mittelborte geklebt wird, legt man das goldene Aufhängeband, mit dem man die Schleife aufbindet. Die Blütenstiele auf 1 cm kürzen, mit UHU bestreichen und unter die Borte bei der Schleife einschieben.

Samt-Ei: Der Samt läßt sich sehr schlecht faltenlos auf das Ei kleben, deshalb habe ich mir ovale Blattschablonen angefertigt, um die Größe der Samtstücke besser aufzeichnen und ausschneiden zu können. Sie schneiden also zwei ovalförmige Samtstückchen aus und kleben sie beidseitig auf das Ei. Um das Samtoval werden die verschiedenen Borten angebracht, bis das Weiße vom Ei abgedeckt ist. Eine kleine Samtschleife und rosa Perlenschnüre verzieren das Ei zusätzlich.

So groß muß die Schablone für den Samtbezug sein. (Blaue Linie!)

Das goldene Ei für den exklusiven Osterschmuck

Es war früher Königen und Grafen vorbehalten, ihren Untertanen als Anerkennung ein goldenes Ei zu schenken. Mit diesem „Goldenen Ei“ können wir in der heutigen Zeit unsere Anerkennung ausdrücken und „frohe Ostern“ wünschen.
Das Ei wird mit dem breiten Lurexband (4 cm breit) auf beiden Flächen beklebt. Schmale Goldborten werden mit UHU von der Eikante zur Mitte geklebt bis das Ei völlig abgedeckt ist. Zwischen die Borten können dickes, gezacktes Goldbouillon oder goldene Perlenketten gesetzt werden. Dadurch wird das Ei besonders prunkvoll. 50 cm Goldband, 5 mm breit, oben auf die Mittelborte legen und die Kordel auf das Band und um das Ei, dort wo die ganzen Borten zusammentreffen, herum kleben. Die Schleife aus 50 cm Band, 1 cm breit, legen und aufbinden. Nun kann das Ei mit Perlen, Blüten oder Bouillon-Rispen verziert werden.

ISBN 3-7724-0961-X · Best.-Nr. 961 · © 1985 Auflage: 5. 4. 3. 3. 1.
Jahr: 1989 88 87 86 85
Letzte Zahlen maßgebend
frech-verlag
GmbH + Co. Druck KG Stuttgart · Druck: Frech, Stuttgart-Weilimdorf

Material:
1 Plastik-Ei
15 cm Goldlurexband, 40 mm breit
20 cm Goldborte, 1 cm breit für die Mitte
35 cm Goldborte, Zopf- oder Zackenlitze, 5 mm breit
65 cm Goldborte, Zackenlitze, 4 mm breit
50 cm Goldband, 5 mm breit, zum Aufhängen
50 cm Goldband, 10 mm breit, als Schleife
20 cm Goldkordel
35 cm Goldbouillon mit Zackenprägung, Nadelstärke 2,10
oder Perlenschnur
2 Goldröschen zum Verzieren